A LA MÉMOIRE DE MA MÈRE.

—

A MON PÈRE.

Faculté de Droit de Toulouse.

ANNÉE SCOLAIRE 1849-50.

ACTE PUBLIC

POUR LA LICENCE,

EN EXÉCUTION DE L'ART. 4, TIT. 2, DE LA LOI DU 23 VENTOSE AN 12.

SOUTENU LE 31 JUILLET 1851,

PAR JOSEPH-FRANÇOIS-ÉMILIEN VAISSE,

Né a Salvagnac (Tarn.)

JUS ROMANUM.

LIB. II TIT. XII.

Quibus non est permissum facere testamentum.

Si testamenti validitatem requiramus, in primis advertere debemus,
ait Gaius, an is qui id fecerit, habuerit testamenti factionem. Verbum
enim factio testamenti duos amplectitur sensus , testamenti faciendi

1850

enim potestatem significat aut vel recipiendi vel acquirendi per testamentum alterius.

De priore hic nobis disserere tantùm datum est.

Testamenti factio, ait Papinianus, non privati sed publici juris est. Indè consequitur hanc non solùm pertinere ad eos cives qui dominium quoddam habent, sed etiam ad eos qui illam a lége receperant et eos tantum factionem testamenti non frui posse quibus 'non concessa fuerat. Duo præcipuè distinguenda sunt, quod ad factionem testamenti pertinet, scilicet: jus testamentum habendi et jus testamentum ordinandi, quod paucis verbis dici potest, jus ipsum et juris exercitatio. Ex his sequitur quemcumque civem romanum, patrem-familias, jus habere testamenti conficiendi sed hujus juris exercitatione indigere si aut demens, aut impubes, aut surdus, etc., fuerit.

Quod si quis, post testamenti confectionem, aut cæcus, aut surdus, aut mutus, aut demens factus fuerit valebit testamentum nam jus jam exercuerit; nec interest quod jus amiserit et propterea testamentum non invalebit. Si contrà de attributione juris psius agitur, longè aliud res se habent; jus istud usquè ad supremum vitæ momentum existere debet. Defunctus hæreditatem deferre censetur in hoc momento ipso in quo vitam deserit; inde sequitur jus ad eum pertinere debere usque ad ipsum momentum. Si per intervallum evanescit infirmatur testamentum ex jure civili. Attamen jus honorarium hunc legis rigorem moderatum est, ut postea demonstratum erit.

Ex præmissis sequitur filium familias testari non posse quoniam nullum habent dominium. Sed postea tam auctoritate Divi Augusti quam Imperatoris Nervæ testamentum habere posse. Quinimò à Constantino imp. Idem jus filiis-familias concessnm est, quòd ad peculium quasi castreuse pertinet.

Si verò intestati mortui sint, ait Justinianus, nullis liberis vel fratribus superstitibus, ad parentem eorum, jure communi, peculium pertinebit. Quod antea peculium patris solius, proprium erat in hoc casu si intestati filii-familias decederint.

Eos tantùm enumerabimus quibus testari non licet et primum de his quod infirmitas animi aut judicii ex isto juste excludit.

Furiosi nullo modo testari possunt quia animi judicio careat. De impubere idem dicendum est.

Jure testabitur furiosus si, per intervallum dilucidum, testamentum confecerit quia rectè contrahere potest in hoc temporis intervallo.— Prodigus etiam rectè non testabitur quia ei per sententiam prætoris ademptum est jus istud et, quam ob causam, mancipare non potest.

Item infirmitas corporis impedit quin mutus et surdus testentur. Surdus quià per mancipationem verba exaudire non potest nec testes testimonium perhibentes; quod necessarium erat.

Mutus similiter excludi debet quia verba nuncupationis eloqui non potest. Sed posteà surdus et mutus testari potuerunt, Justiniani imperatoris constitutione, sub quibusdam conditionibus. Surdi intelliguntur qui nihil ominùs exaudire, muti qui nihil ominùs eloqui possunt.

Cæco testamentum facere licet, quia testes convocare et audire potest testimonium perhibentes. Sed quoniam tenebræ, in quibus perpetuò versatur, fraudi facilem aditum præbent, a Justiniano imperatore, quibusdam conditionibus submissi fuerunt; sic voluntatem suam cæcus nuncupabit coram testibus; voluntatem suam per tabellionem vel octavum testem scribet qui suscriptionem suam adhibebit.

Servus testamentum habere non potest neque jure civili, neque jure prætorio; ille enim nec hæreditatem, nec hæredem habet. Sed deinceps tamen singulari jure et prætoris auctoritate de dimidia parte peculii servum publicum testari posse statutum est.

Quod ad eum qui ab hostibus captus est nullomodo testari potest, donec servus hostium fiat quià juris exercitationem et jus ipsum amiserit ex eo momento quod in captivitatem, reductus fuerit. At si testamentum fecerit ante captivitatem, duplici juris fictione non infirmari potest, nam si redeat ab hostibus sive evaserit, sive redemptus fuerit, jure postliminii numquam in captivitate fuisse intelligitur. Si contrà apud hostes decesserit, legis Corneliæ fictione, intelligitur eo ipso momento decessisse quod in captivitatem venerit.

Peregrini et illi qui pænâ deportationis mulctati sunt similiter testamentum facere nequeunt, quia jus civitatis perdiderunt et quia jus testandi proprium est civium romanorum; earum rerum participes sunt quæ juris gentium, non autem quæ sunt juris civilis. Quod de peregrinis diximus ad eos etiam pertinet qui ad metallum vel ad bestias damnati sunt; civiliter mortui reputantur.

Inter eos tandem quibus testari interdictum est, communerabimus eos qui intestabiles dicuntur ; item, manumissi et manumissorum filii antè legem duodecim tabularum ; item qui incerti sunt de statu suo ; de statu suo dubitantes vel errantes uti servus testamento domini manumissus et qui de aditione hæreditatis incertus est de decessu domini. Deinceps, si juris progressum inspiciamus, plurimos videbimus ex his qui testari non poterant jus istud exercentes, plurimos verò qui exercuerant ex eo dem jure nudatos.

CODE CIVIL.

—

DES ENFANTS NATURELS.

DE 331 A 342 COMBINÉS AVEC 383 ET LES ART. 908, 911, 746 à 766.

Dispositions générales.

On désigne en général sous le nom d'enfants naturels, tous ceux qui ont été conçus hors mariage : on en distingue de deux sortes: 1° les enfants naturels proprement dits; ce sont ceux dont les père et mère auraient pu contracter un mariage valable à l'époque de la conception ; 2° Les enfants adultérins, sont ainsi appelés, ceux dont les père et mère où l'un d'eux seulement étaient engagés dans les liens du mariage à l'époque où ils ont été conçus; et les enfants incestueux, ceux dont les père et mère sont parents ou alliés à un degré qui emporte prohibition de mariage entr'eux.

Le législateur s'est montré d'une sévérité rigoureuse pour les enfants de la dernière catégorie, en les privant de tous les droits de famille attachés à leur naissance. Il s'est montré moins sévère à l'égard des enfants naturels proprement dits, en permettant de leur accorder les droits de filiation naturelle au moyen d'une reconnaissance et même de les élever par la légitimation au rang d'enfants légitimes et de leur en assurer les prérogatives.

Nous nous occuperons en premier lieu de la reconnaissance des enfants naturels, en second lieu de la légitimation des enfants naturels proprement dits, en troisième lieu des droits des père et mère sur la personne et les biens des enfants naturels, en quatrième lieu de leur capacité de recevoir par succession, et enfin de leur capacité de recevoir par donation entre vifs.

CHAPITRE PREMIER.

De la reconnaissance des enfants naturels.

SECTION PREMIÈRE.

De la reconnaissance des enfants naturels proprement dits.

On distingue deux sortes de reconnaissances : 1° La reconnaissance volontaire ; 2° La reconnaissance forcée.

Elle est volontaire, lorsqu'elle résulte d'une déclaration faite spontanément dans les formes légales par le père ou par la mère.

Cette reconnaissance peut se faire de deux manières : 1° Dans l'acte de naissance même; 2° par un acte authentique postérieur.

La reconnaissance est forcée lorsqu'elle est le résultat d'une déclaration judiciaire connue par exemple dans le cas d'enlèvement et toutes les fois que la recherche de la paternité est permise exceptionnellement. Elle produit les mêmes effets que la reconnaissance volontaire.

La loi ne désigne point des officiers publics compétents pour recevoir l'acte de reconnaissance. Ce droit n'appartient pas en effet seulement aux officiers de l'état civil, mais encore aux notaires, aux juges de paix et à tous ceux qui peuvent donner à un acte un caractère d'authenticité quelconque.

La jurisprudence est allée plus loin : elle a décidé qu'une déclaration de reconnaissance faite devant le greffier seul de la justice de paix, suffisait pour frapper cette déclaration de l'authenticité voulue par la loi. Peu importe au surplus, que la reconnaissance soit rendue publique ou qu'elle demeure secrète.

Nous avons dit que la reconnaissance devait être un acte spontané. Il résulte de là que la reconnaissance du père sans l'aveu de la mère, n'a d'effet qu'à l'égard de celui-ci et vice-versâ (336).

La loi, accordant à l'enfant naturel certains droits qui restreignent, en cas de concurrence, les droits des enfants légitimes sur la succession de celui qui l'a reconnu, a dû prévoir le cas où la reconnaissance serait faite postérieurement à la naissance et pendant le mariage et régler les effets de la reconnaissance; c'est ainsi qu'elle dispose (337), que, la reconnaissance faite durant le mariage par l'un des époux au profit d'un enfant né ou conçu avant le mariage, ne peut nuire ni à l'autre époux, ni aux enfants nés de ce mariage; elle n'a quelque effet qu'après la dissolution du mariage et quand il n'existe point d'enfant légitime.

Au surplus, les droits de l'enfant naturel une fois reconnus, ne peuvent être étendus au-delà des limites prescrites par la loi. C'est, pour ainsi dire, un droit fixe: toute transgression est frappée de nullité (338).

Et comme il était nécessaire de prévenir les abus qui résulteraient inévitablement de la supposition d'une fausse paternité ou d'une fausse maternité, la loi a autorisé les parties intéresées à constater la reconnaissance, soit quant à la forme, soit quant au fond. Ceux-là seuls peuvent être admis à contester qui y ont un intérêt né et actuel (339).

Sous l'empire des anciennes lois, la déclaration de la femme en matière de paternité, donnait naissance à une poursuite judiciaire. Cette jurisprudence entraînait de graves abus que le Code civil s'est empressé d'anéantir. Le législateur (340) a déclaré qu'en principe général la recherche de la paternité est interdite sauf par exception dans le cas d'enlèvement.

Mais les raisons qui ont motivé la recherche de la paternité n'étant plus admissibles quand il s'agit de maternité, l'accouchement résultant d'un fait matériel et l'identité pouvant être facilement constatée, la recherche de la maternité a été légalement admise. C'est à celui qui réclame sa qualité d'enfant de telle ou telle mère de prouver : 1ᶜ la grossesse ; 2° l'accouchement ; 3° l'identité. La preuve, à la différence de ce qui se pratique, en matière de légitimité, ne pourra se faire par témoins que lorsqu'il y aura déjà eu un commencement de preuve par écrit. (341).

Section ii.

Des enfants incestueux et adultérins.

Les enfants qui proviennent d'un commerce incestueux ou adultérin, ne peuvent jamais être reconnus. La loi, dans l'intérêt de la morale et de la sainteté du mariage, a frappé de réprobation le commerce adultérin ou incestueux. Cette reconnaissance ne peut avoir lieu dans aucune circonstance.

Si la reconnaissance a lieu indirectement quelquefois, c'est par suite d'une contestation judiciaire comme par exemple : une demande en nullité de mariage, et jamais cette reconnaissance n'est efficace; tout au plus confère-t-elle à l'enfant incestueux et adultérin le droit de réclamer des aliments.

Au surplus l'incapacité qui frappe l'enfant n'est relative qu'au père et à la mère : il peut recevoir de toute autre personne (335). D'après les termes de l'art. 342, la recherche de la paternité et de la maternité adultérine ou incestueuse n'est jamais permise. Cette recherche ne peut avoir lieu ni pour ni contre l'enfant, et on a évité ainsi le scandale d'une recherche qui ne trouverait sa preuve que dans un délit commis.

CHAPITRE II.

De la légitimation des enfants naturels.

Nous n'avons en Droit Français qu'un seul mode de légitimation, c'est celui qui s'opère à l'aide du mariage, subséquent par la seule force de loi et sans que les parties contractantes aient besoin d'exprimer leur volonté à cet égard.

La légitimation ne produit d'effet qu'autant que l'enfant a été reconnu antérieurement au mariage ou au moment même du mariage
par l'un et l'autre des deux époux , à moins que cette reconnaissance
ne résultât d'un jugement déclaratif de paternité ou de maternité. Si la
reconnaissance ne s'est faite que postérieurement au mariage , la légitimation n'est pas permise. La loi a voulu , par cette décision , écarter
les fraudes qui pourraient se produire en cas de stérilité (331). Au surplus, pour maintenir les biens dans les familles, la loi a permis de légi-
timer les enfants prédécédés qui ont laissé des descendants (332).
L'effet de la légitimation , c'est de conférer aux enfants légitimés les
mêmes droits qu'aux enfants nés d'un mariage légitime. Toutefois,
leurs droits ne remontent qu'au jour du mariage de leur père et mère.
Il résulte de là qu'ils sont étrangers à tous les droits ouverts dans leur
famille antérieurement à leur légitimation ;

Que si l'un des époux avait contracté un mariage intermédiaire et
qu'il eut des enfants de ce mariage, ceux-ci conserveraient leurs droits
pour ainsi dire, d'aînesse ;

Que ce n'est qu'à dater du mariage que les père et mère acquièrent
sur les biens de leurs enfants légitimés le droit d'usufruit légal, etc. ,
etc. (333).

CHAPITRE III.

Des droits des père et mère sur la personne des enfants naturels.

L'art. 383 du Code civil qui concerne le droit de correction des père
et mère sur la personne de leurs enfants a déclaré les dispositions des
art. 376, 377, 378, 379 communes aux pères et mères des enfants naturels légalement reconnus. Cette disposition prend sa source dans ce
principe que, les père et mère de l'enfant naturel reconnu exercent sur
la personne de cet enfant les droits de puissance paternelle. C'est ainsi
qu'aux termes de l'art. 375, celui qui a des sujets de mécontentement

très graves peut exercer sur lui des moyens de correction qui varient suivant son âge et sa position de fortune. Aux termes de l'art. 376, si l'enfant est âgé de moins de seize ans commencés, le père pourra le faire détenir pendant un temps qui ne pourra excéder un mois et, à cet effet, le président du tribunal de l'arrondissement devra délivrer l'ordre d'arrestation sans autre formalité préalable. Le père agira ainsi par voie d'autorité (376).

Lorsque l'enfant naturel a accompli sa quinzième année, la détention que le père ne peut plus exiger alors que par voie réquisition peut avoir une plus longue durée parce que son discernement est plus développé et rend ses fautes plus graves. Elle peut s'étendre jusqu'au terme de six mois; mais le président du tribunal peut en abréger la durée et refuser même la détention, après en avoir conféré avec le procureur de la République, si les raisons alléguées par le père pour motiver sa sévérité ne lui paraissent pas suffisantes (377). — Dans tous les cas, la loi ne prescrit aucune formalité judiciaire pour ne pas laisser de traces d'une correction paternelle, toujours fâcheuse pour celui qui en est l'objet. La détention peut même être exercée autre part que dans le lieu même où elle est requise, et comme en matière d'emprisonnement pour cause civile, le père est tenu de consigner à l'avance les fraits d'aliments (378). Aux termes de l'art. 379, le père est toujours maître d'abréger la durée de la détention ; il peut aussi, en cas de nouveaux écarts de la part de l'enfant, renouveler la correction.

Malgré le silence de la loi à cet égard, nous pensons qu'il y a lieu d'appliquer à l'enfant naturel les dispositions de l'art. 382. En effet, entre la position de l'enfant légitime et celle de l'enfant naturel légalement reconnu, s'il y a mêmes motifs, il doit y avoir aussi mêmes raisons de décider.

CHAPITRE IV.

Droits de succession des enfants naturels sur les biens de leur père et mère.

Nous diviserons ce chapitre en deux sections, l'une relative aux en-

fants naturels proprements dits, l'autre aux enfants incestueux ou adultérins.

SECTION PREMIÈRE.

Des enfants naturels proprement dits.

Les enfants naturels proprement dits sont classés par la loi au nombre des successeurs irréguliers. Elle leur refuse le titre d'héritiers pour
ne leur accorder que celui de successeurs aux biens. C'est qu'en effet
ils ne continuent pas la personne du défunt, ils n'ont pas la saisine et
ne sont pas tenus des dettes *ultrà vires hœreditatis.* La loi, dans l'intérêt de la morale, a dû tracer une ligne de démarcation entre l'enfant issu d'un mariage légitime et celui qui n'est le plus souvent que
le fruit d'un caprice passager ou d'une inconduite soutenue.

Les successions des enfants naturels sont de deux sortes les unes
ont rapport aux droits des enfants naturels sur les successions de ceux
qui les ont reconnus; les autres embrassent les successions des enfants
naturels décédés avec ou sans postérité légitime ou naturelle.

§ Ier — *Droits des enfants naturels sur la succession de leur père et mère.*

L'art. 757 a réglé d'une manière invariable les droits de l'enfant
naturel sur les biens de ses père ou mère décédés ; ces droits changent
suivant la qualité des parents légitimes qui viennent à la succession
concurremment avec eux. Il faut examiner, en effet, s'ils sont en concours avec des descendants légitimes du défunt ; s'ils concourent
avec des ascendants ou avec des frères et sœurs ; s'ils concourent avec
des collatéraux autres que des frères ou sœurs, enfin s'il n'existe point
de parents au degré successible. Dans les trois premiers cas, l'enfant
naturel est moins avantagé que l'enfant légitime ; dans le quatrième
cas, il est préféré aux autres successeurs irréguliers. Même dans ce
dernier cas où des considérations d'ordre public lui ont fait accorder un
privilége considérable, il est privé de la saisine, et doit demander l'envoi en possession au tribunal du lieu où la succession est ouverte.

(757-758). Mais s'il est predécédé, les droits de filiation naturelle se transmettant aux descendants légitimes de l'enfant naturel, celui-ci a pu leur transmettre un droit qu'il avait lui-même (759). Il esi bien entendu que les enfants naturels, pas plus que les enfants légitimes, ne peuvent rien recevoir au-delà de la quotité disponible qui leur est particulière, soit directement, soit indirectement. C'est pourquoi, aux termes de l'art. 760, l'enfant naturel ou ses descendants sont tenus d'imputer sur ce qu'ils ont droit de prétendre tout ce qu'ils ont reçu du vivant de leur père ou mère et qui serait sujet à rapport d'après les règles générales. On a souvent agité la question de savoir si les enfants naturels ont une réserve. Malgré la diversité d'opinions et les divers systèmes qui se sont produits, nous pensons que les enfants naturels ont une réserve réelle, car ils ont droit de réclamer la portion de biens que la loi leur attribue sur la succession de leurs auteurs.

Si les père ou mère ne peuvent augmenter la portion assignée aux enfants naturels, ils ont cependant le droit de la restreindre, mais il faut, pour que cette restriction ait lieu d'une manière légale, le concours de trois conditions énoncées dans l'art. 761.

§. II. — *Des successions des enfants naturels décédés avec ou sans postérité légitime ou naturelle.*

Après avoir déterminé les droits des enfants naturels dans la succession de leur auteur, la loi s'est occupée de régler leur propre succession. On distingue trois cas : 1° ou l'enfant naturel a laissé des descendants; 2° ou il n'a pas laissé de postérité, mais seulement ses père et mère; ou bien, enfin, il n'existe ni descendants, ni père ni mère.

S'il a laissé des descendants légitimes, aux termes de l'art. 765, sa succession leur est dévolue exclusivement à tous autres, d'après les règles du droit commun.

A défaut de descendants légitimes ou d'enfants naturels, les père et mère, si tous deux l'ont reconnu, se partagent la succession par parties égales; s'il n'a été reconnu que par l'un d'eux seulement, la succession est dévolue tout entière à l'auteur de la reconnaissance.

Au troisième cas, si les père et mère de l'enfant naturel son prédécédés, les biens qu'il en avait reçus passent par une espèce de droit de retour légal aux frères ou sœurs légitimes, si ces biens se trouvent en nature dans la succession; dans le cas contraire, ceux-ci ne profitent que des actions en reprises, s'il en existe, ou du prix de ces biens aliénés, s'il est encore dû. Quant aux autres biens qui composent la succession, ils sont déférés, sans exception aucune, aux frères et sœurs naturels ou à leurs descendants

SECTION II.

Des droits des enfants incestueux ou adultérins sur la succession de leurs père et père.

Nous l'avons dit plus haut, la loi a frappé d'une sorte de réprobation les enfants incestueux ou adultérins, et a puni les enfants de la faute de leurs auteurs. Ils sont privés de toute espèce de droits sur leur succession; la loi ne leur accorde que des aliments, et encore n'accorde-t-elle ce privilége qu'à ceux dont la reconnaissance résulte d'un jugement civil ou criminel, car il ne faut pas perdre de vue que la loi a prohibé expressément la recherche de la paternité et de la maternité incestueuse et adultérine (762). D'après les dispositions de l'art. 763, les aliments que la loi leur concède doivent être réglés, eu égard aux facultés du père ou de la mère, au nombre des héritiers légitimes et à leur qualité. Au surplus, ils doivent être réglés en proportion des besoins de celui qui les réclame.

Cette obligation même disparaît dans les deux cas prévus dans l'art. 764; c'est à-dire quand l'auteur de l'enfant adultérin lui a fait apprendre un art mécanique ou lui a assuré des aliments de son vivant; le motif de cette disposition est pris dans le désir d'affranchir les héritiers légitimes de toute discussion avec un enfant étranger à la famille par suite d'un crime.

CHAPITRE V.

De la capacité des enfants naturels à recevoir par donation entre-vifs.

La loi ayant réglé, au titre des successions, les droits des enfants naturels en général, ceux-ci ne peuvent rien recevoir au-delà par quelques dispositions que ce soit, directement ou indirectement. Le législateur au reste a prévu que cette prohibition deviendrait illusoire si elle pouvait être éludée au moyen de libéralités. De là les dispositions de l'art. 908.

Il faut remarquer que l'incapacité des enfants naturels n'a d'effet qu'à l'égard de leur père et mère. Ils peuvent recevoir de toute autre personne à quelque titre que ce soit, même des parents de leur père et mère, car il est de principe que leur filiation ne s'etend pas au-delà de leur auteur.

La loi s'est montrée encore plus rigoureuse en prohibant toute disposition faite au profit d'un incapable et en la frappant de nullité. Elle a énoncé les cas dans lesquels elle déploierait toute sa vigueur. Ils sont au nombre de deux principaux.

Si la donation a été déguisée sous la forme d'un contrat à titre onéreux, soit par donation entre-vifs, soit par testament, tel serait par exemple le cas où le père naturel souscrirait au profit de l'incapable une obligation pécuniaire, cette donation déguisée serait sans effet. En deuxième lieu, elle n'aurait également aucun résultat, si elle était faite sous le nom de personnes interposées, chargées de remettre secrètement à l'incapable une chose donnée; telle serait par exemple la donation fidéicommissaire. Au reste, le législateur a eu soin de faire connaître quelles sont les personnes interposées. Sont de plein droit au nombre de ces personnes : Les père et mère, les enfants et descendants, l'époux de la personne incapable.

Les personnes désignées dans le deuxième paragraphe de l'art. 911 que nous venons d'énumérer, sont seules réputées interposées. Il ne faut pas oublier en effet que lorsque la loi prononce une incapacité, elle doit être restreinte aux cas prévus ; que toute incapacité est une exception et que toute exception est de droit étroit. De là la conséquence que la présomption légale d'interposition ne saurait être appli quée aux ascendants de l'incapable autres que ses père et mère.

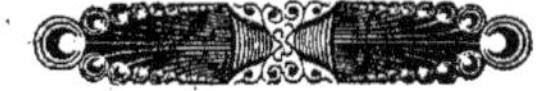

CODE DE COMMERCE.

Avant d'entrer dans la question spéciale qui fait le sujet de notre Thèse, il nous semble à propos d'établir ce qu'on entend en général par lettre de change.

Plusieurs définitions ont été données par les différents auteurs qui ont traité de cette matière, mais la plus claire et la plus pratique qu'on ait formulée est sans contredit la suivante : « La lettre de change est un papier-monnaie destiné à suppléer à l'insuffisance du numéraire. » Cette définition ne frappe-t-elle pas l'esprit d'une vive clarté et n'établit-elle pas la véritable fonction de la lettre de change ?

Destinée à suppléer à l'insuffisance du numéraire, la lettre de change n'est-elle pas en effet la base des transactions commerciales, le signe du crédit, le ressort de l'industrie et du commerce ? Grâce au crédit dont la lettre de change est la forme légale, les affaires commerciales prennent un développement auquel jamais le numéraire en circulation, fût-il porté au double et au triple, ne pourrait suffire. La lettre de change, c'est bien donc un signe monétaire qui supplée à l'insuffisance des espèces métalliques, multiplie les transactions commerciales et sert de base au crédit.

Nous n'entrerons point dans l'énumération de tous les avantages qui ressortent, pour les commerçants, de la lettre de change, mais nous ne pouvons cependant omettre de signaler celui qui provoqua l'invention de ce papier-monnaie, nous voulons dire sa mobilité. Les Juifs, en effet, à qui on attribue cette découverte, éprouvèrent plus

que tous autres, au moyen-âge les difficultés et les dangers du trans-
port de grosses sommes d'argent au travers des divers pays où les
appelaient les soins de leur commerce; tantôt exposés aux rançons
sur les grands chemins, aux pirateries sur les mers, ils conçurent
l'idée de mobiliser leur argent, et la lettre de change fut créée.

Il nous importe d'établir, avant d'entrer dans la question spéciale des
duplicata, quels sont les droits du bénéficaire ou porteur de lo lettre de
change ; ces droits sont ceux du propriétaire sur l'objet sien, c'est-à-
dire des droits réels. — La loi lui ouvre la faculté de révendiquer la
possession de la traite malgré la perte du titre ; ce n'est pas tout, elle
a voulu encore ajouter à la sécurité et à l'utilité des effets de commerce
en autorisant les duplicata. (Art. 110 in finis 147,148,150,151 du code
de commmerce.)

La question des duplicata présente deux faces différentes que nous
résumons d'avance, (sauf démonstration ultérieure) en ces deux formules : duplicata pour la circulation, duplicata pour l'envoi en acceptation.

La lettre de change destinée à la circulation doit attirer la confiance ;
dès-lors le but est plus facilement atteint quand le traite est acceptée ;
mais ce n'est pas tout, si d'une part l'acceptation est utile, de l'autre la
circulation est entravée et pour ainsi dire impossible pendant le temps
nécessaire pour faire parvenir la traite au domicile du tiré et la présenter à son acceptation. — Il fallait remédier à cette perte de temps et
aux inconvénients qu'elle entraîne; il fallait à la fois accélérer l'acceptation et favoriser la circulation; c'est ce qu'on a fait en décidant l'émis-
sion de deux exemplaires dont l'un est envoyé à l'acceptation tandis que
l'autre circule; et que la négociation s'en opère en aucun temps. —
Alors même que la solvabilité bien connue du tireur rendrait l'acceptation sans utilités, la nécessité d'avoir deux exemplaires devient incon-
testable quand, pour arriver à sa destination, la traite doit franchir des
passages périlleux, de telle sorte que le porteur ait à redouter la perte
du titre et les déchéances qui en sont la suite.   3

D'après ces considérations, il résulte que les duplicata peuvent être émis dans un double but : 1° pour faciliter la circulation ; 2° pour donner plus de garantie au porteur. — On désigne les premiers sous le nom d'*exemplaires de commodité*, et les seconds sous le nom d'*exemplaires de sûreté*.

§ 1er. – *Des exemplaires de commodité.*

Formule : Payer par cette première de change, la 2ᵉ chez M. ·····, en acceptation.

Dans cette catégorie, on peut distinguer deux sortes de titres, mais ils n'ont point une importance égale et distincte ; ils doivent s'attirer l'un vers l'autre et se confondre au jour de l'échéance dans les mains du même possesseur. — Les droits et les obligations du détenteur de l'exemplaire envoyé à l'acceptation, et ceux du propriétaire de l'exemplaire destiné à la circulation, doivent faire l'objet d'un examen séparé et de considérations distinctes. La première de ces considérations, c'est que le dépositaire chargé de faire accepter la traite doit la faire tenir au porteur à l'époque de l'échéance. Ce titre est pour ainsi dire immobilisé dans ses mains ; d'où il suit que celui qui détient ce titre ne peut le mettre en circulation.

Le propriétaire de la lettre de change a contre ce détenteur : en premier lieu, une action réelle ; en second lieu, une action personnelle.

Quant au détenteur de l'exemplaire envoyé en circulation, il a un double droit à exercer : 1° il doit revendiquer le duplicata envoyé à l'acceptation ; 2° exercer une action personnelle contre celui qui atteste l'existence du second exemplaire.

Ici se présente une question de droit assez grave pour que nous la soumettions à quelques observations : à savoir si un endosseur peut faire des duplicata ? — Tout nous porte à croire qu'il a cette faculté ; mais à la condition expresse de copier la lettre de change en entier, les endossements qui existent déjà, et en déclarant qu'il n'y a pas eu de copie jusqu'à ce moment. — **En** ce cas, ce sera l'original et non la copie qui devra être envoyé à l'acceptation, afin que le tiré puisse s'assurer des signatures émises, et contrôler l'authenticité de la traite. — Dans cette espèce, l'action personnelle n'a lieu que contre l'endosseur, qui a fait le duplicata, et non contre le tireur ou les endosseurs antérieurs.

Tous actes conservatoires et judiciaires doivent être faits sur l'original et en vertu de l'original; cette règle est expresse à tel point que si on ne faisait protester que sur le duplicata émis par un des endosseurs, on perdrait tous recours contre les endosseurs antérieurs, y compris le tireur.

L'art. 148 du code de commerce dispose que celui qui paie une lettre de change sur une seconde, une troisième, etc., sans retirer celle sur laquelle se trouve son acceptation, n'opère point sa libération à l'égard du tiers porteur de son acceptation.

Les dispositions de cet article sont-elles applicables au cas que nous venons de développer précédemment, c'est-à-dire, quand il s'agira d'exemplaires de commodité?

Il nous paraît que l'art. 148 ne trouve pas ici son application. Il n'y a, en effet, qu'un seul titre, sous deux exemplaires il est vrai; mais ces deux exemplaires s'attirent forcément l'un vers l'autre et doivent se trouver confondus au jour de l'exécution. Dès-lors il nous semble que le tiré peut sans péril payer la traite sur l'un ou sur l'autre des exemplaires de commodité.

§ 2. — Des exemplaires de sûreté.

Il importe de caractériser tout d'abord la différence entre l'exemplaire de commodité et l'exemplaire de sûreté.

Les exemplaires de sûreté ont tous une valeur indépendante : l'un n'attire pas l'autre; et c'est ici qu'il y a lieu de faire l'application de l'art. 148, ainsi que des formules usuelles aux négociants : la 1re, la 2e demeurant non payée.

De ce principe, que chaque exemplaire de sûreté a une valeur indépendante, il résulte que le porteur de ces exemplaires peut négocier
chacun d'eux et toucher la somme autant de fois qu'il y a d'exemplaires. — Dès lors il peut arriver que plusieurs porteurs se présentent au jour de l'échéance : quel est celui qui devra être payé de préférence ? — Il est clair d'abord que ce sera, d'après les dispositions
même de l'art. 148, le porteur de l'exemplaire accepté. — A défaut
de cette cause de préférence il me semble que c'est le porteur qu_i
présentera le premier exemplaire qui devra être payé. L'endosseur du
deuxième, en effet, a commis une imprudence en n'exigeant pas la
présentation du premier titre, et la jurisprudence l'exclut au profit
du premier. — Du reste en cette matière il n'y a point de règle fixe,
et il est nécessaire de s'en référer aux circonstances du fait et aux
principes du droit commun.

CODE ADMINISTRATIF.

—

De la compétence administrative et judiciaire en matière de concession d'ateliers insalubres, dangereux et incommodes.

En principe, le travail est libre; en tant toutefois qu'il ne nuit pas à autrui, et c'est dans l'intérêt des tiers que la loi soumet à une autorisation préalable les ateliers industriels qui exposent le voisinage à quelque danger ou incommodité.

Les ateliers industriels peuvent causer aux particuliers des préjudices de différente gravité; ils peuvent les affecter dans leur santé, dans leurs biens et dans les commodités de la vie. De là la division de ces sortes d'établissements en plusieurs classes suivant le degré de danger ou d'incommodité qu'ils présentent.

Avant 1810, il n'y avait pas de législation ni de jurisprudence fixe sur cette matière; sous l'ancien régime, les intendants de province avaient la surveillance à peu près exclusive de ces établissements; parfois les parlements intervenaient, et suppléant à une législation insuffisante, leurs arrêts prenaient la force de réglements généraux pour toute l'étendue de leur juridiction. En l'an XIII, une première tentative de réforme, provoquée par l'Institut, resta sans effet; cependant le rapport émanant de l'Académie des sciences demeura comme la base d'une future législation; en effet, le décret du 15 octobre 1810 qui vient enfin réglementer la matière, repose sur les données fournies par l'Académie des sciences dans ses rapports de 1805 et 1809.

L'art. 1er du décret du 15 octobre 1810 porte, que les manufactures et ateliers qui répandent une odeur insalubre ou incommode ne pourront être formés sans la permission de l'autorité administrative. La pensée de ce décret se trouve résumée dans les considérations qui le précèdent; il y est dit en effet que: « s'il est juste que chacun puisse » exploiter librement son industrie, le gouvernement ne saurait d'un » autre côté, voir avec indifférence que pour l'avantage d'un individu, » tout un quartier respire un air infect, ou qu'un particulier éprouve » des dommages dans sa propriété. » Ces établissements , contient encore l'art. 1er du décret de 1810, seront divisés en trois classes : la première comprendra ceux qui devront être éloignés des maisons particulières ; la seconde, les ateliers dont l'éloignement des habitations n'est pas rigoureusement nécessaire, mais dont il n'importe néanmoins de ne permettre la formation qu'après avoir acquis la certitude que les opérations qu'on y pratique sont exécutées de manière à ne pas incommoder les propriétaires du voisinage ni à leur causer des dommages ; seront classés dans la troisième catégorie les établissements qui peuvent rester sans inconvénient auprès des habitations mais qui doivent encore être soumis à la surveillance de la police.

Les découvertes de la science et les progrès de l'industrie ont successivement, après 1810 , multiplié les établissements industriels, et des décrets et ordonnances ont porté un atelier d'une classe à l'autre , de sorte que le décret originaire de 1810 se trouve aujourd'hui de beaucoup modifié en ce qui touche la classification. (Ordonnances des 14 janvier 1815, 31 mai 1833, 27 janvier 1837, etc.)

Nous allons étudier la compétence administrative en ce qui touche chacune des trois classes d'ateliers insalubres.

CHAPITRE PREMIER.

Compétence gracieuse.

§ 1er —*Etablissements de première classe.*

L'industriel qui veut former un établissement de première classe doit adresser sa demande au préfet du département. Elle doit désigner le siége de l'atelier, la nature des opérations. La demande doit rester affichée pendant un mois dans toutes les communes comprises dans un rayon de 5 kilomètres; c'est pendant ce déiai que les tiers doivent présenter leurs moyens d'opposition; c'est ce qu'on appelle enquête *de commodo* et *incommodo*. A l'expiration du délai, le préfet, saisi de tous les procès-verbaux de l'enquête, les fait parvenir au ministre en y jognant son avis personnel; le ministre rédige alors un rapport qu'il soumet au conseil d'Etat Le conseil d'Etat délibère en assemblée générele, et c'est après sa délibération qu'intervient l'ordonnance du pouvoir exécutif qui donne l'autorisation de former l'atelier insalubre.

L'administration est maîtresse d'accorder ou de rejeter toutes demandes en autorisation; il suit de là qu'une ordonnance de rejet , rendue sur l'avis du préfet et le rapport du ministre ne peut être l'objet d'aucun recours devant le conseil d'Etat par la voie contentieuse. (Conseil d'Etat , 20 juin 1816).

§ II. — *Etablissements de 2ᵉ classe.*

Cette classe d'ateliers comprend ceux qui ne doivent pas nécessairement être éloignés des habitations, mais qui ne peuvent être établis qu'après une autorisation préalable du préfet et une enquête de *commodo* et *incommodo*. La demande en autorisation est adressée au préfet ou sous-préfet de l'arrondissement qui la renvoie au maire en le chargeant de faire procéder à une information comme pour les établissements de première classe. Les pièces sont renvoyées du maire au préfet, qui , sur le vu des procès-verbaux , accorde ou refuse l'autorisation .

§ III. — *Etablissements de 3ᵉ classe.*

Cette troisième classe d'établissements comprend ceux qui, sans présenter aucun danger, doivent cependant rester soumis à la surveillance de la police ;ils ne sont à proprement parler qu'incommodes; aussi trouve-t-on beaucoup plus de facilité dans l'obtention de l'autorisation que pour les ateliers des classes ci-dessus. Les établissements de cette classe doivent être autorisés par le préfet de police à Paris, et par les sous-préfets dans les départements. L'enquête préalable n'est point nécessaire comme dans les deux premières classes ; les sous-préfets sont seulement tenus de prendre l'avis des maires et de la police locale.

Il faut remarquer que le pouvoir gracieux n'excéderait pas les limites de ses attributions par la suspension provisoire d'un atelier, alors que cette mesure est nécessitée par des motifs d'intérêt public. Il en serait différemment de la suspension définitive qui porte toujours atteinte à un droit acquis.

En résumé donc, la compétence gracieuse en matière d'ateliers insalubres est acquise : 1° pour ceux de la 1re classe, au chef du pouvoir exécutif sur l'avis du conseil d'Etat ; 2° pour ceux de la 2e classe, au préfet du département après information préalable ; 3° pour ceux enfin de la 3e classe, au sous-préfet de l'arrondissement après l'avis du maire. Nous allons maintenant, en suivant le même plan, déterminer la compétence contentieuse pour chacune des trois catégories.

CHAPITRE II.

Compétence contentieuse.

En règle générale, et pour les trois classes d'ateliers, les oppositions des tiers peuvent être formées par la voie contentieuse.

2e classe. — Cela est sans difficulté pour ceux de la deuxième classe, puisque une disposition du décret du 15 octobre 1810 permet en termes formels le recours au conseil d'Etat.

3e classe. — Pour les ateliers de 3e classe, ce sont les conseils de préfecture qui statuent sur les réclamations, soit des fabricants, soit des tiers, et ces conseils sont de véritables juges du contentieux. (Art. 8 du décret du 15 octobre 1810).

1re classe. — Quant aux ateliers de première classe, il aurait pu s'é-
lever quelques doutes à cause de cette circonstance qu'aucun recours
n'est reçu contre les ordonnances qui accordent l'autorisation après que
toutes les formalités préalables prescrites par la loi ont été remplies. Mais
on aurait grand tort de conclure que la matière n'est pas contentieuse.
S'il n'est pas admis de recours contre l'ordonnance, c'est qu'avant
qu'elle ne fût rendue, il a été ouvert aux tiers tous moyens pour faire
valoir leurs droits, et que dès-lors elle est réputée rendue contradictoi-
rement.

On doit aussi considérer comme émanant du pouvoir contentieux,
les ordonnances et arrêtés portant suppression d'ateliers insalubres de
l'une des trois classes. D'après l'opinion de Dufour, il importe peu d'ail-
leurs que les motifs de la suppression soient puisés dans la non-exécu-
tion des conditions que le pouvoir gracieux a imposées au propriétaire,
ou dans les inconvénients que l'existence de l'établissement pourrait
apporter à l'agriculture ou à la salubrité publique. (31 décembre 1838,
Ray-Anquetil, 16 juin 1341, Mathieu).

Sont encore dans les attributions du pouvoir contentieux, les contes-
tations qui peuvent s'élever à cause de la translation d'un atelier ou de
l'interruption dans ses travaux. Il faut remarquer seulement que si
l'interruption dure six mois, il y a lieu de demander une nouvelle autorisation. (Ordonnance du 1er août 1827 qui assimile les fours à plâtre
ou à chaux à des ateliers insalubres.)

En résumé nous conclurons, en établissant ce principe, que toute
opposition à une autorisation de former un atelier insalubre est matière
contentieuse; — que le recours est ouvert, pour les ateliers de 2e classe,
de droit devant le conseil d'Etat; pour ceux de 3e classe, devant le
conseil de préfecture; mais que pour ceux de 1re classe, le recours
n'est ouvert devant le conseil d'Etat qu'alors que les conditions préalables prescrites par le décret du 15 octobre 1810, n'ont pas été
rigoureusement remplies.

CHAPITRE III.

De la compétence judiciaire.

L'administration, active au 1er chef, en accordant l'autorisation d'é- tablir un atelier insalubre, n'entend pas porter préjudice aux droits des tiers. C'est là un principe auquel il n'a jamais pu être dérogé. En conséquence, celui dont la propriété éprouve un dommage par suite du voisinage d'un établissement industriel, insalubre ou dangereux a la faculté d'exercer une action en dommages et intérêts, devant les tribunaux judiciaires, pour obtenir la réparation du préjudice qui lui a été causé. Cette condition tacite, que le concessionnaire répond vis-à-vis des intéressés des suites nuisibles de son exploitation, est un principe de droit public consacré par de nombreux arrêts. Nous citerons, parmi les plus remarquables, un arrêté de la cour de Cassation du 11 juillet 1827; un autre du 17 juillet 1845, dans la contestation pendante entre la compagnie du gaz de Saône-et-Loire contre *Laurent.*

Les tribunaux ordinaires sont donc compétents pour toute demande tendant à sauvegarder les propriétés voisines des dangers de l'exploitation d'un atelier insalubre. Bien plus, si des dommages étaient causés par un établissement non autorisé, les tiers lésés pourraient porter une action correctionnelle devant les tribunaux compétents.

Vu par le Président de la Thèse,

Gustave **BRESSOLLES.**

Toulouse, imprimerie Legarrigue, allée Lafayette, 5.

www.ingramcontent.com/pod-product-compliance
Ingram Content Group UK Ltd.
Pitfield, Milton Keynes, MK11 3LW, UK
UKHW022240070726
13613UKWH00005B/2036